Eva Strittmatter
Hans-Jürgen Gaudeck
Und Liebe liebt niemals vergebens

Eva Strittmatter

Und Liebe liebt niemals vergebens

Mit Aquarellen von
Hans-Jürgen Gaudeck

steffen verlag

Den Schrei in Worte zu übertragen,
So daß er seine Seele erreicht,
Gelingt mir nicht.
Der Schöne, der meiner Seele ausweicht
Als vor Gefahr, soll mir nur sagen,
Er weiß noch immer, daß es mich gibt
Und daß von den glorreichen Sommertagen,
An denen ich ihn so verzweifelt geliebt,
Ein Schimmer Erinnerung in ihm ist,
So daß auch er mich nicht vergißt …
Ich schreie. Ich erreiche ihn nicht.
Der Schrei erstirbt vor dem Gedicht.

Ich möchte ihm schreiben: ich *bitte* Sie,

Rufen Sie mich nur *ein Mal* an ...
Bedenken Sie doch, es ist schon Dezember ...
Sie wissen, daß ich nicht anrufen kann.
Ich habe gelobt, es zu unterlassen,
Und habe mich an den Vorsatz gehalten.
Denken Sie nie, wie mir an den kalten
Einsamen Abenden ist?
(Sie wissen, ich bin die, die niemals vergißt.)
Sie könnten frei nach dem Telefon fassen
Und einfach nur fragen: wie geht es Ihnen?
Wie Sie es früher fast täglich getan,
Als wir so etwas wie Freunde schienen.
Dezember. Sechs Monate, seit wir uns sahn.
Was fürchten Sie, wenn Sie mit mir sprechen,
Nach so langer Zeit, wenn Sie *menschlich* sind?
Ich werde mein Gelübde nicht brechen,
Nicht bitten, nicht schreiben. Nur in den *Wind*.

IN JEDER MENSCHENVERSAMMLUNG SUCHE ICH *IHN*.
Nicht ihn, nein, einen, der ihm gleicht.
Bisher hat mein Auge noch keiner erreicht,
Der den Zauber hatte, mich hinzuziehn,
Wie er mit einem Blick getan.
Ich sehe gelassen, spreche gelassen
Männer, die sich mir nähern und nahn,
Um mir von sich und von mir zu reden.
Ich höre aufmerksam freundlich auf jeden,
Der mir sagt, daß er ein und das andre Gedicht
Und wie oft und seit wann er mich schon *gelesen* …
Ich danke höflich und bin so *neutral*,
Wie ich es vor ihm zu allen gewesen.
Ich sehne mich schmerzlich und weiß: nur *ein Mal*
War er zu finden. Er *läßt* mich nicht.
Wohin auch immer ich suchend gehe,
Am Ende ist es doch *sein* Gesicht,
Das ich statt all der anderen sehe.

MEIN KÖRPERGEFÜHL VERSCHAFFE ICH MIR
Zur Nacht mit einem Melissenölbad.
Wohltemperiert um die zwanzig Grad.
Schon wieder eine neue *Sucht*.
Ohne das Abendbad geht es nicht mehr.
(Schlafmittel nehme ich nebenher.)
Ich beobachte mit Beklemmung die Flucht
In Rituale zur Zähmung der Tage,
Mit denen ich die Manien ertrage,
An die ich ausgeliefert bin.
Vor allem die Frage: Hat es noch Sinn?
Noch immer dieselbe Musik jede Nacht,
Von Aberhunderten nur diese eine,
Die mir noch immer Empfindungen macht.
Ich rauche im Dunkeln. Nicht, daß ich weine.
Ich bin am Ufer angekommen.
Den Langstreckentag habe ich durchschwommen
Bis an das rettende Ufer der Nacht.
An dem es sich dann friedlich wacht.

Platanenabend

Nebeneinander gehen wir her.
Sehen uns an. Aber nicht mehr.

Linien, die sich im Unendlichen schneiden.
Irgendwas Ähnliches ist mit uns beiden.

Haben die Formel zu gut gelernt.
Nah beieinander und weit entfernt.

Wenn wir uns nun durch Zufall berührten?
Ob wohl die Linien ins Endliche führten?

Platanenabend. Das Licht wird trüber.
Wir wissen es beide und schweigen darüber.

In einer Welt ohne rettenden Sinn –

Man lebt nicht, ohne sein Herz zu verhärten
Und sich zu sagen: *ich* aber *bin* –
Gibt es doch Wasser und gibt es noch Gärten,
In denen Zeit sich aus Knospen entfaltet
Hinein in den blühenden Sommerblust
Und dann in den Winter, der eisstreng waltet
Mit Keimen des Frühlings: Märzgrüne Lust …
Es gibt so wenig, woran sich zu halten.
Und *Blühn* ist vielleicht der einzige Sinn.
Gelingts uns auch nicht, die Welt zu verwalten –
Die Erde sagt immer noch: *ich* aber *bin*.

SOLLTE ICH NICHT IN DIE ZEITUNG SCHREIBEN,

Ich suche einen, der mit mir lebt,
(Was für Geheul sich da auch erhebt),
Er soll nur einfach bei mir bleiben.
Das Unglück ist, daß ich keinen kenn,
Von dem ich wollte, er solle die Tage
Teilen mit mir, die Tage, nicht Nächte,
Die ich schon irgendwie hinter mich brächte.
Die wirkliche *Überlebensfrage*
Ist, wie verbrenn ich die Tage
Mit Freude, die ich allein nicht schüren kann …
Gefährte gesucht. So zeige ichs an.

Nach der Liebe

Verwüstet wie nach einem Beben,
Taifun, Monsun, Tsunami aus dem Meer.
Im Mondschein alles menschenleer,
Doch irgendwo verbirgt sich Leben
Und kriecht hervor, wenn sich die Stürme legen,
Wenn die Tsunamiwoge weicht.
Irgendwann wirds auch mich bewegen.

Noch ist die Ruhe nicht erreicht.

Von allem, allen abgesondert.

Zu keinem sehne ich mich hin
Als nur zu ihm, für den ich nicht mehr bin …
Wie ist es möglich, daß von all den vielen
Menschen, die mir begegnet sind,
Nicht einer seine Rolle spielen
Kann. Für alle blind,
Sehe ich ihn nur, der mir gleicht.
Er hat etwas in mir erreicht,
Was tief in uns verborgen ist.
Wie Vorgeburt. Was man vergißt
Und was doch manchmal ahnbar scheint.
Entzweit mit uns, mit uns vereint,
Ists bei der Zeugung mitgezeugt,
Bei der Geburt ists mitgeboren.
Als er sich zu mir hingebeugt,
Fand ich es wieder und – verloren.

Lied II

Zwei Tage noch und die Linde belaubt sich.
Drei Tage noch und der Flieder wird blühn.
Und wäre man jung, so fände man einen
Und würde blind sein an ihm und glühn.
So aber sagt man: die Linde belaubt sich.
Drei Tage noch und der Flieder erblaut.
Als wärs eine Weisheit. Ist aber nur Rede.
Und wird einem eng in der alternden Haut.

Ich lebe in einem leeren Raum,

Überfüllt mit Dingen, die ich längst nicht mehr will.
Es ist November. Die Zeit steht still.
Wie sie nur im November stillstehen kann.
Die Dinge reden mich nicht an.
Und erst Nachmittag. Erst gegen vier.
Im dämmernden Draußen dunkel das Tier
Der Seele birgt sich im Baum.
Im Flieder birgt sich die Amsel vor Nacht.
Ich lebe in meinem leeren Raum.
Zur Nacht von der schlafenden Amsel bewacht.

Morgenwind

»Ahmed, deiner zu gedenken …«
Diese Zeile träumte ich,
Als ich – immer träumend – schlich
An verbotnen Kaffeeschenken
Deiner schönen Stadt vorüber,
– Denn sie sind den Fraun verweigert –
Und die Liebe war gesteigert,
Brannte heller, brannte trüber.
Jahre elf warst du verloren!
Doch nun würde ich dich finden
Und dich wieder an mich binden.
Das berühmte »Neugeboren«
Sollte ich an dir erfahren …
Ringsum glänzte es verheißend,
Sarajevo gülden gleißend
Wie vor elf und sieben Jahren,
Als ich erst- und letztmals fühlte
Jene magisch schwarze Macht …
Aus dem Traum bin ich erwacht,
Als der Morgenwind mich kühlte.
»Ahmed, deiner zu gedenken«,
Sang die Zeile noch in mir.
Daß ich sie nie mehr verlier,
Will ich sie ins Lied versenken …

SELBSTACHTUNG, DIE MICH SICHER MACHT,
Selbstliebe habe ich nicht mehr.
Ich lausche in die offne Nacht –
Mit ihr kommt der November her ...
Wie wird mir dieser Winter schwer,
Wie schwer wirds sein, zu überleben,
Das *Herz*, versotten, will nicht mehr.
Nichts kann der Seele Frieden geben.
Ich bin so trost- und hoffnungslos.
Das Bild der Liebe ist geschändet.
Scham drüber, daß ich mich so groß
Getan mit ihr, die so verspottet endet.
Sie hat mein Selbstgefühl vernichtet.
Rauch aus der Asche bitterlich.
Darauf war eine *Welt* errichtet,
Auf diesem ausgebrannten *Ich*.
Und nun vor einem langen Winter,
Vor einer langen trüben Zeit.
Ich muß hinüber, *muß*. Dahinter
Macht sich vielleicht ein *Ich* bereit,
Ein neues, um mich neu zu sehen ...
Sechs Monde ist der Mai nur weit.
Ich will sie lebend überstehen.
Stumm als ein Stein, wenn es dann schneit.

Mohn

Des Purpurmohnes Blütenstaub:
Schwarz. Tod aus Schlaf. Aus Lust: Vergehen.
Zur Nacht fiel aus dem Flammenlaub
Der roten Blüte schwarzer Staub.
Und um die Blüte wars geschehen.

So liebten wir. Nur eine Nacht,
Weißt du es noch, war uns gegeben.
Wir nanntens Schicksal. Keine Macht
Half uns dagegen, eine Nacht
Mußte genügen für ein Leben.

Des roten Mohnes schwarzer Staub
Wie Tod aus Schlaf, aus Lust Vergehen.
Zur Nacht fiel aus dem Flammenlaub
Der Purpurblüte Todesstaub.
Und um die Blüte wars geschehen.

Ich will ihn nicht mehr kennen.

Ich male mir aus, ich werde ihn sehn
Und werde an ihm vorübergehn
Grußlos ihn nicht mit Namen nennen.
Er wird wieder jener Niemand sein,
Der er war vorm Erleuchten meines *Gesichts*.
Ich schloß ihn lebend mit Liebe ein:
Libelle im Bernstein meines Gedichts.
Da wird er bleiben. Sonst wird er vergehn.
Ich kenne ihn nicht mehr. Ich will ihn nur *sehn*.

Schwäne

Indonesische Farben:
Ein Abend im Februar.
So ungeheure Himmel
Sieht man nicht jedes Jahr

In Blau, Türkis, Orange,
In Rot und Amethyst.
Und plötzlich fehlt mir lange
Schon einer, der mich küßt.

Die Schattenkiefern schwanken
Wie Palmen hin und her.
In meinen Taggedanken
War keine Liebe mehr.

Doch durch den heißen Himmel
Fliegt kalt ein Schwanenpaar.
Das jüngst vom milden Winde
Nach Nord verführet war.

Die beiden fliegen klagend.
(Eis birst im Flügelton.)
Schwarz ihre Schwingen schlagend,
Schwimmen sie durch den Mohn

Des Himmels in die Kühle
Syringenblau und grün.
Mit einem Herzgefühle
Seh ich die beiden ziehn.

SCHLAF

Winter wie ehmals wie ehemals Winter.
Stille so tief wie die Einsamkeit tief.
Erinnrung ist nichts mehr. Ich bin ohne Bilder.
Schlaf tiefer Schlaf, den ich traumlos verschlief.

Vorm Fenster verdämmernde Schneeluft im Zwielicht.
Starr starrt der Bäume Ast und Geäst.
Nichts regt sich. Nichts rührt mich. Wie wenn mich das Leben
Für immer im Weißnicht der Starre beläßt.

Vielleicht aber wird mir die Gnade zu lieben
Und Grünes zu fühlen noch einmal zurück.
Ich will nicht erinnern. Was war, ist gewesen.
Ich flehe ich flehe um künftiges Glück.

Der *Schöne* hat mir sein Bild gesandt ...
Wie oft hatte ich darum gebeten.
Jetzt kann ich ihm gegenübertreten
Und kann direkt und unverwandt
In seine eisblauen Augen sehen ...
Das Relief des zerklüfteten Gletschergesichts
Ist meinen Forschungen offen ...
Empfinde ich Liebe? Fühle ich nichts?
Jedenfalls nichts mehr mit Hoffen.
Die wabernden Bilder in mir gehn ein.
Ich schließe die Akte des *Schönen*.
Ich will mich mit meinem Leben versöhnen.
Er wird nur noch ein Foto sein,
Das mir durch Zufall dann und wann
Begegnet in späteren Jahren ...
Was oder wie wohl fühle ich *dann*?
Ich werde es erfahren.

Immer ferner, immer fremder

Wird mir, der mir einst so nah schien …
Warum wollte ich nur *ihn*?
Warum wollte ich ihn *nur*?
In ihm war doch keine Spur
Geist, der mir genügen konnte …
Wieso kams, daß ich mich sonnte
In der Stimme und dem Lächeln
Des verstoßnen Gottesknechtes?
Ach, er sagte nie was Rechtes,
Und doch ließ ich mich befächeln
Von der Stimme wie vom Wind,
Wenn die Sommerwolken sind
Schnee im Ozean aus Blau …
Nah war ich ihm nur als Frau,
Als ein nacktes Sinnenwesen,
So als hätt ich nicht gelesen
Und gedacht ein ganzes Leben.
Alles hätt ich hingegeben,
Würde, Sprache und Verstand,
Für des *Schönen* schöne Hand …
Immer ferner, immer fremder,
Schon sehr weit von mir entfernt …
Aber wenn er wiederkäme …
Ich hätt nichts dazugelernt.

Glück I

Erotisch gestimmte Tage:
Juni. Die Nächte sind rot.
Liebe und keine Frage.
Herzpause. Und kein Tod.

DIE WINTERKRANKHEIT DEPRESSION,
Das Auf und Ab in Finsternis,
Wie nun so viele Winter schon,
Ich wußte ja, sie kommt gewiß.
Ihr dieses Jahr zu widerstehen,
Noch einen Schimmer Licht zu sehen,
Ich fürchtete, ich schaff es nicht …
Dann aber, wann ich sein Gesicht
Aufscheinen ließ in mir, war Licht.
Ich ließ es lindernd in mich gehen
Und Lichtung konnte mir geschehen.
Die Finsternis zerteilte sich:
Der mich vernichtet, rettet mich.
Ohne und gegen seinen Willen
Kann er die Krankheit in mir stillen.
Die Winterkrankheit Depression
Läßt nach und sie verläßt mich schon
Mit dem Beginn des Februar.

Ich sehe *Licht* für dieses Jahr.

Südlich nächtlich

Der Nachtgeruch von Buchsbaum,
Der sengende südliche Duft,
Verflüchtigt sich in der Frühe,
Ebbt nur noch nach in der Luft,
Die sich erwärmt. Der schwüle
Wie Weihrauch schwelende Duft
Wird deutlich nur in der Kühle
Vom Nachtwind gefegter Luft.
So kennen ihn nur, die sich lieben.
Die durch die Nacht hingehn.
Vom Buchsduft zur Liebe getrieben.
Und wissen nicht, wie es geschehn.

Lullaby

Wer singt das Wiegenlied dem Kind?
Es ist der Regennovemberwind.
Nacht ist und alles ist wie es ist.
Gesetzlich kommt der Novemberregen.
Bald wird sich Schnee auf die Erde legen.
Das Dach schützt dich vor Regen und Schnee.
Lullaby, schlaf, dann tut es nicht weh.
Vielleicht kommt ein Traum, der dich selig macht
Mit dem Regenwind der Novembernacht.

Wind II

Kühler Abend ins Ungewisse
Anfang Oktober. Die Welt hat Risse.
Frost dringt hindurch. Es leidet
Mein Freund. Ich denke
Worte an ihn. Sagen
Kann ich die Worte nicht.
Daß ihn kein Mitleid kränke.
Wenn eins vom andern scheidet,
Schmerzen selbst Freundesfragen.
Es hilft nicht, wenn man spricht.

Kalter Abend, von Norden kommt Wind.
Wohl denen, die beieinander sind.

Einmal, als ich vorüberging

An ihm, hat er meine Hand *eingefangen*
Und sie an sein Gesicht gelegt ...
Ich wäre an ihm vorbeigegangen.
Er aber war da so bewegt,
Daß er sich meine Hand einfing
Und sie an seine Wange nahm ...
Ich weiß nicht, wie es dazu kam,
Was wir einander geoffenbart.
Es war die Geste der Gegenwart
Eines Gefühls, das uns verband.
Er hat die Wärme meiner Hand
Sich lange schweigend einverleibt ...
Das ist geschehen und es bleibt.
Wenn er es auch mit schweren Eiden
Abschwören und verleugnen sollte:
Es war da etwas mit uns beiden.
Und nicht nur *ich* wars, die es wollte.

Jetzt schlaf ich ein, jetzt schlaf ich ein.
Jetzt denke ich nicht mehr an ihn.
Jetzt werde ich ganz ruhig sein
Und in das Nichts der Nacht einziehn ...
Doch die Beschwörung hilft mir nicht.
Nichts ist mit *Autosuggestion*.
Und spät erst kommt das Morgenlicht.
Und wenn es kommt, fehlt doch der Ton
Der Amselkehle, die es kündet:
Dezember, diese dunkle Zeit.
Und Nacht und Schlaf sind unverbündet.
Sind immer noch in mir entzweit.

Traum I

Mir träumte, ich sollte noch einmal
Sein in der Sonne am See.
Und sicher wäre mir Liebe.
Sicher wie Regen und Schnee.
Noch einmal würde ich schmecken
Licht und Luft.
Und wüßte nichts vom Leben.
Doch alles von seinem Duft.

Abendwind

Ich wart auf dich im Abendwind,
Der weithin geht und fern beginnt,
Der von mir alles weiß und mehr.
Was ohne Worte ist und schwer,
Geweint hab ich es in den Wind,
Der weithin geht und fern beginnt.

Rotdorn II

Wir haben zwei Rotdornbäume gepflanzt.
Ich kann sie von meinem Fenster aus sehn.
Als Kind hab ich unterm Rotdorn getanzt,
Und manches Liebe ist da geschehn.

Jetzt haben wir für uns Rotdorn gepflanzt.
Von meinem Fenster aus kann ich ihn sehn.
Ich werd es nicht sein, die unter ihm tanzt.
Und auch das Liebe wird andren geschehn.

Rittersporn

Ruhlos macht mich der Rittersporn.
Blau: so fällt Liebe.
Rot steigt der Zorn.
Sowas von Blau neben dem Mohn.
Wohn
Neben dir. Fremder als fern.
Feindliche Farben.
Stern neben Stern.

1001 Nacht

Wie lang ist das her, wie weit ist das fort …
Es war ein muselmanischer Ort.
Wie das Schloß eines Beys das Luxushotel …
Liebe mich Leben und liebe mich schnell …
Honey hier ist der Platz um zu lieben.
Spieln wir die Rollen, die uns vorgeschrieben:
Medschnun und Lejla, oder wie sie sonst heißen mögen.
Morgen baden wir Unschuld aus marmornen Trögen …
In der runden *hall* von Fontänen ein Flüstern
Und goldener Lichtwein in Glastraubenlüstern …
Sweetheart hier sind wir. Es ist *diese* Nacht.
Hier geht es leicht und wird gut vollbracht.
Nie wieder liebst du in Sandelkulissen …
Darling der Pförtner verwahrt dein Gewissen.
Gib ihm sein *tip*. Denk nicht an die Erben …
Besser heut lieben, als morgen zu sterben …
Wie weit ist das fort, wie lang ist das her …
Wie es wirklich war. Ich weiß es nicht mehr …

Orient

Und wenn auch fast alles nur Lüge war,
So klang es doch gut und war herzerfreulich.
Heut ist es mir wieder, als war es erst neulich
Und ist nicht inzwischen reichlich sechs Jahr,
Daß du mir flüstertest englische Sprüche.
Die gingen mir ein wie Weihrauchgerüche.
Und Weihrauch kam wirklich von irgendwoher.
Das war ja Orient. Und ein Moslem warst du
(Ein *Degen*, ein *Monddolch* über dem Meer
Dieser Nacht.) Ich lauschte dir zu
Schon süchtig nach der schwarzen Beschwörung.
(Als wär ich gemacht für Trieb und Betörung.)
Wie *Scheitan* hast du meine Seele besessen.
Und sei es mit Lügen. Ich kann nicht vergessen.

Eis

Der Schnee pfeift unter den Sohlen
Vor Frost und Finsternis.
Ich würde dich heimholen,
Wär in der Welt ein Riß.
Über eine Gletscherspalte
Käme ich zu dir.
Aber da hilft nichts mehr.
Eis ist in dir und mir.

Eins

Liebe – das war diese blaue Wolke,
Aus der am Abend die Amsel sang.
Ich hab es gehabt. Bewahr in mir Liebe.
Auch wenn der Sang der Amsel verklang.

Nun malt die Erinnerung Kehllaut und Bläue
Innen in mir, wo es Nacht ist und brennt,
Steigende Woge, stürzende Wolke,
Eines in eines, das keiner mehr trennt.

TOTE LIEBE

Sonne, schöne Sonne,
Gefährtin meiner Jugend.
Amsel, liebe Amsel,
Die ich kannte, da hatt ich noch Tugend
Und Unschuld zu schweigen.
Zum ersten Mal hörte ich sie,
Als ich siebzehn war. Sang in den Zweigen
Eines Friedhofbaums. So wie nie
Nachher hat sie damals gesungen,
So voll Abend und Abschied der Sonne nach.
Ich liebte einen Jungen,
Von dem keiner mehr sprach.

Atem

Wieder noch einmal ist Juni geworden.
Wieder noch einmal solch eine Nacht.
Halbhelle Nacht im halbhohen Norden.
Wieder noch einmal zur Liebe erwacht.

Wieder noch einmal das sichere Wissen:
Es gibt keine höhere Weisheit als Glück.
In einem Atem zur Lust hingerissen.
Das Leben bäumt auf. Der Tod fällt zurück.

Gesegneter Juni mit seinen Jasminen,
Holundern, Rosen und all ihrem Duft.
Wie winterlich alt wir uns eben noch schienen.
Und nun diese Juninacht! Lenzjunge Luft.

Paar Worte

Die milde Gabe eines Grußes ging mir heute
Aus einem fernen Lande zu: Man denkt an mich!
Wie ich mich über die paar Worte freute,
Die seltsam traurig warn. Ich dachte, ich
Nur könnte nicht vergessen.
Was einmal war, lebt in mir fort.
Ich bin erinnerungsbesessen.
Niemals vergesse ich den Ort,
Die Stunde und das Licht.
Was einmal einer zu mir spricht,
Bewahre ich wie ein Vermächtnis.
Ich leb mit furchtbarem Gedächtnis
Und wie mit doppeltem Gesicht.

Und nun und nach so manchen Jahren,
Die bitter von Verlusten waren,
Schreibt einer mir mit solchen Worten:
»Rückkehrend zu den schonen Orten
Am Sonnensee, grüß ich Sie! Ich
Bin traurig; etwas fehlt …
Erinnern Sie sich noch an mich?«

Den See erinnre ich wie sehr.
Wie sehr die Sonnenuntergänge
Und die beklemmenden Gesänge:
Liebe ist leicht, das Leben schwer.

Also auch er,
Den ich einst kannte,
Vergaß nicht alles, was da war.
Auch noch in einen andern brannte
Sich die Erinnrung an das Jahr,
Das von den unvergeßnen bleibt …

Geheimes les ich aus den paar
Gemeßnen Worten, die er schreibt.

Traum II

Ich habe von dir geträumt die Nacht.
Das war ein bitterer Traum.
Du sahst mich nicht und kanntest mich nicht.
Ich war für dich ein Baum,
Den man nicht sieht und nicht erkennt,
Und sprechen kann er nicht.
Und ich stand stumm und sprach zu dir:
Siehst du nicht mein Gesicht?
Dann ging ich fort. Da riefst du mich.
Und ich bin aufgewacht.
Und bitter dachte ich an dich.
Das hat der Traum gemacht.

20. Oktober

Das letzte *Draußen* dieses Jahr.
So spät im Jahr noch Nachempfinden
Des Sommers, der ein Sommer *war*,
Nicht zu vergessen zu verwinden.
An diesem Platz saß *er* mit mir,
Die große Täuschung meines Lebens.
Aber er war doch drei Mal hier!

Und Liebe liebt niemals vergebens.

Liebe IV

Schöne Nacht und schöner Mond.
Stille nach dem Abendwind.
Der mit mir die Nacht bewohnt,
Ist mir angenehm gesinnt

Und verschafft mir schöne Träume,
Ganz in Rot und lichtdurchschossen,
Und eröffnet in mir Räume,
Die wärn ohne ihn verschlossen.

Nur er kann mich so erheben.
Nur durch ihn erwache ich
Und gewinne großes Leben.
Nur durch *ihn* erfahr ich mich.

Eᴉɴ Nᴇʙᴇʟɢᴇʙɪʟᴅᴇ ᴀᴜs Nᴀᴄʜᴛ ᴜɴᴅ Gᴇsᴀɴɢ –

Das ist mein *Lebensgefährte*,
Den Frühling, den Sommer, den Spätherbst lang.
Wenn nur der Tag sich erst jährte,
An dem der *Vampir* als Mensch mir erschien.
Dann wird das Wahnbild zerstieben.
In der dreizehnten Nacht des April muß er fliehn
Und ich ihn nicht mehr lieben …

Mit dieser Liebe werd ich bis zum Ende gehen.
Lebendig geb ich sie nicht her.
Ich will aus ihr nicht auferstehen
Seelisch gereinigt, aber leer.
Sie ist mein *Nugget* Glück auf Erden.
(Und ist es auch nur Katzengold
Und kann in nichts gewechselt werden.)
Der, den ich liebe, ist unhold
Zu mir und wird es bleiben.
Aber was kümmert *dieser* mich?
Aus *meiner* Winterliebe treiben
Zweige und sie begrünen sich.

Anhang

Nachwort

Die Lyrik Eva Strittmatters lässt mich einfach nicht los. Immer wieder inspiriert sie mich zu einem malerischen Dialog. Ist es die klare Sprache, mit der sie ihre Gefühlswelt zum Ausdruck bringt? Eine Gefühlswelt, wie ich sie und wir wohl alle irgendwann in ähnlicher Form erfahren haben. Ereignisse, Momente, die einen berühren und auch die Tiefe des seelischen Empfindens spüren lassen. Eva Strittmatter hat die wunderbare Gabe, dies alles kristallklar mit einem der musikalischen Harmonie nahen Sprachfluss wiederzugeben.

In vielen Gedichten spürt man die Nähe zur Natur. Besuchte einige Male ihren Heimatort, wo sie mit ihrem Mann Erwin und den Kindern lebte. Schulzenhof, zwischen Gransee und Rheinsberg gelegen, wenige Häuser, inmitten der so herben melancholischen Wald-Seen-Landschaft. Wie häufig hat sie ihre Kiefern, Seen und Sandwege in ihren Gedichten beschrieben. Klänge, die diese Landschaft ausstrahlen. Ich fühle mich beim Lesen dieser Gedichte sofort einbezogen. Mag sein, dass mein naher Lebensraum auch die Mark Brandenburg ist, die ich von Kind auf mit all ihren Stimmungen ebenso empfand. Umso näher ist mir ihre wunderbare Lyrik.

Der erste Band »Märkischer Juni«, den der Steffen Verlag vor zwei Jahren herausgab, bezog sich überwiegend auf meinen malerischen Dialog zu ihrer Naturlyrik. Nun der Versuch mit Eva Strittmatters Liebesgedichten. Auch hier bietet sich die Aquarelltechnik an – mit ihren transparenten Unschärfen, ineinanderlaufenden Farben – emotionale Tiefen aufzuspüren. Auch in diesen Gedichten kommen häufig die Jahreszeiten und Naturereignisse zum Ausdruck, um seelische Empfindungen zu beschreiben. Ein lyrischer Weg, der zum Verstehen von Liebe zwischen Menschen enge Bezüge hat.

In ihren Liebesgedichten kommen auch viele enttäuschende Momente vor, nicht nur die Euphorie in der Liebe. Die Vielfalt von Leben – bis ins Älterwerden hinein.

Wählte viele Naturbezüge, jedoch auch ortsbezogene Gedichte wie den Süden, den Orient. Orte, die ich schon bereiste. Stimmungen, die ich dort erfuhr.

Die Tiefe des Liebeserlebnisses lässt sich kaum durch bildliche Illustration darstellen. Vielleicht ist sogar die Abstraktion ein Mittel, eine solche Stimmung zu vermitteln. Ich vermied diese Richtung, weil sie mir auf Dauer zu monoton erschien. Wählte wieder das reale Bild – als Metapher. Legte zu einzelnen Liebesgedichten Unschärfen rein, ohne dass das Bild sich völlig auflöste. Behutsam versuchte ich, eine malerische Antwort zu finden. Wenn der Leser und Betrachter der Aquarelle hier noch eine Vertiefung des jeweiligen Liebesgedichtes erfährt, dann könnte der malerische Dialog ein Gewinn gewesen sein.

Hans-Jürgen Gaudeck

Eva Strittmatter

1930	Geboren in Neuruppin
1947–1951	Studium der Germanistik in Berlin
1951–1953	Mitarbeiterin beim Deutschen Schriftstellerverband
1954	Freie Schriftstellerin; veröffentlichte Gedichte, Prosa, Kinderbücher, Kritiken
2011	Gestorben in Berlin

Preise
Heinrich-Heine-Preis 1975
Walter-Bauer-Preis 1998

Gedichtbände – Eine Auswahl
Ich mach ein Lied aus Stille
Mondschnee liegt auf den Wiesen
Die eine Rose überwältigt alles
Zwiegespräch
Heliotrop
Atem
Der Schöne
Liebe und Haß. Die geheimen Gedichte
Hundert Gedichte
Der Winter nach der schlimmen Liebe
Wildbirnenbaum
Sämtliche Gedichte

Hans-Jürgen Gaudeck

1941 Geboren in Berlin
1987 Eintritt in die Künstlergruppe MEDITERRANEUM

Einzelausstellungen u.a.
Kloster Dobbertin, Schloss Sacrow-Potsdam, Galerie der Kulturen im KOKON Lenbach-Palais München, Berliner Volksbank-PrivateBankingCenter, Galerie S, Kulturhaus Spandau, Galerie am Havelufer, Galerie Jasna Schauwecker, Griechische Kulturstiftung Berlin, Pinakothek Korfu, Vin d'Oc, Galerie Alte Schule Ahrenshoop, Schloss Ribbeck, rbb-Haus des Rundfunks

Reisen
Irland, England, Schottland, Dänemark, Finnland, Schweden, Norwegen, Litauen, Griechenland, Frankreich, Italien, Spanien, Türkei, Bulgarien, Polen, Russland, Marokko, Ägypten, Oman, Jordanien, Kenia, Sri Lanka, Thailand, Bali, Vietnam, Burma, Kambodscha, Kuba, USA

Aquarelle
Werke im privaten und öffentlichen Besitz

Bücher – Eine Auswahl
Perlen der Ostsee; Eva Strittmatter – Märkischer Juni; Theodor Fontane – Ein weites Land; Von London bis Pompeji mit Theodor Fontane; Rainer Maria Rilke – Oh hoher Baum des Schauns; Masuren – Land der Stille; Norwegen – Faszination Hurtigruten; Hans Fallada – Ich weiß ein Haus am Wasser

www.gaudeck.com

Hans-Jürgen Gaudeck im Steffen Verlag

Rainer Maria Rilke: Oh hoher Baum des Schauns
Aquarelle von Hans-Jürgen Gaudeck
92 Seiten, 43 farb. Abb., 24 x 21 cm, Festeinband
ISBN 978-3-941683-46-4, 16,95 Euro

Hans-Jürgen Gaudeck: Perlen der Ostsee
84 Seiten, 43 farb. Abb., 24 x 21 cm, Festeinband
ISBN 978-3-941683-26-6, 14,95 Euro

Theodor Fontane: Ein weites Land
Aquarelle von Hans-Jürgen Gaudeck
84 Seiten, 40 farb. Abb., 24 x 21 cm, Festeinband
ISBN 978-3-941683-37-2, 16,95 Euro

Theodor Fontane: Von London bis Pompeji
Aquarelle von Hans-Jürgen Gaudeck
84 Seiten, 39 farb. Abb., 24 x 21 cm, Festeinband
ISBN 978-3-941683-41-9, 16,95 Euro

Hans-Jürgen Gaudeck & Eva Strittmatter

Eva Strittmatter: **Märkischer Juni**
Aquarelle von Hans-Jürgen Gaudeck
3. Auflage, 92 Seiten, 46 farb. Abb., 24 x 21 cm, Festeinband
ISBN 978-3-941683-24-2, 14,95 Euro

Die Textgrundlage dieser Ausgabe ist
Eva Strittmatter: Sämtliche Gedichte, Aufbau Verlage, Berlin 2006
© Aufbau Verlage GmbH & Co. KG., Berlin 2006, 2008 (für die Gedichte)

Die Deutsche Nationalbibliothek verzeichnet diese Publikation
in der Deutschen Nationalbibliografie;
detaillierte bibliografische Daten sind im Internet über
http://dnb.d-nb.de abrufbar.

3. Auflage 2022
Steffen Verlag GmbH, 2015
info@steffen-verlag.de, www.steffen-verlag.de

Herstellung: STEFFEN MEDIA | Friedland – Berlin – Usedom
www.steffen-media.de

ISBN 978-3-941683-60-0